Marion Jana Goeritz

Damit die Seele lächelt

Bibliografische Information der Deutschen Nationalbibliothek:

Die Deutsche Nationalbibliothek verzeichnet diese Publikation in der Deutschen National-bibliografie; detaillierte bibliografische Daten sind im Internet über http://dnb.dnb.de abruf-bar.

Herstellung und Verlag: BoD – Books on De-mand, Norderstedt

ISBN: 978-3-7448-8917-9

Inhaltsverzeichnis

Einleitung

Einleitung

Herzlich Willkommen liebe Leser,

„Damit die Seele lächelt" ist ein kleines Sammelwerk meiner eigenen Erfahrungen. Es gibt unzählige Möglichkeiten positive Gefühle einzuladen.

Einige Möglichkeiten, die meine Gefühle bereichern, habe ich hier versammelt.

Es gibt Rituale, welche mir ans Herz gewachsen und genau diese halfen mir schon an solchen Tagen, wenn meine Seele weinte, sie wieder zum Lächeln zu bringen.

Was ich allerdings voraus schicken möchte ist, dass ich mit dem Weinen der Seele, nicht Depressionen im ärztlichen Sinn meine, sondern die Stunden, wo ich eher annahm, das mich die Welt nicht mehr mochte, wenn auch nur scheinbar.

Auch möchte ich mich davon stark distanzieren, meine Erfahrungen seien ein Allerweltsheilmittel. Es ist mein Bejahen zu einer lachenden Seele meinerseits und zum Bekennen, das man durchaus durch sein Leben gut gehen kann, wenn man seine Probleme erkennt und dann auch lösen möchte, in dem man offen für Hilfe ist. Dazu gehört meiner Ansicht auch, das gewaltfreie Kommunizieren, genauso wie eine stimmige Therapie, wenn nötig. Zusätzlich können die im Buch beschriebenen Möglichkeiten und sicher noch viele andere, das Leben etwas lebenswerter, auch schöner machen, wenn wir diese Möglichkeiten in unser Gefühl einladen.

Es könnte ja durchaus sein, die eine oder andere Anwendung findet sich, um sein Wohlfühlen noch angenehmer zu gestalten, als bisher. Jeder Mensch lernt täglich dazu, wenn er bereit dazu ist. Dafür bin ich dankbar, dass ich dem einen oder anderen Menschen begegnen darf, der auf freundliche Weise meine Aufmerksamkeit darauf lenkt, etwas auszuprobieren, das meinem Gefühl Lachen schenken kann.

In diesem Sinn, wünsche ich ihnen viel Freude beim Lesen.

Damit die Seele lächelt, gilt es wohl in erster Linie meiner Erfahrung nach, gut auf sie acht zu geben. Deshalb ist es wichtig auf die Gefühle zu achten. Denn Gefühle, sind das Sprachrohr der Seele. Nehmen wir Gefühle wahr, können wir darauf reagieren. Würden wir unsere Gefühle nicht wahrnehmen und das über längere Zeit, wäre es gut möglich, das sich die Seele über körperliche Schmerzen Beachtung holt. Warum das so ist? Damit, wir etwas ändern! Ungute Situationen erkennen und verändern, in dem wir umdenken, oder Situationen verlassen. Jede Seele, so glaube ich, hat ihre Aufgaben und diese gilt es einzulösen und für uns, den Menschen, beginnt da der Lernprozess.

So habe ich in früheren Jahren, für mich ungute familiäre Situationen durchlebt, ohne mich davon befreien zu wollen, doch ich nahm diese über viele Jahre wahr. Und meine Wahrnehmung hatte einen weiteren Höhepunkt erreicht, als ich mich daraus befreit hatte. Noch in der verbleibenden unguten Situation für mich, zeigte sich dass bei mir körperlich, in einer heftigen Gallenkolik die darin mündete, dass meine Gallenblase operativ entfernt werden musste.

Was ich aus dieser Lernerfahrung mitgenommen habe ist, das es wohl schwieriger ist sich aus alten Mustern zu befreien, diesen auch allein zu entkommen. Es bedurfte bei mir Hilfe von außen.

Aber nicht nur das, es muss in einem selber verankert sein, dass man dort nicht mehr sein möchte, sonst ist alles Tun unwirksam. Es bedarf also unserem Willen, dem Gefühl das wir fühlen, auch nachzugehen. Für mich kam die Veränderung durch Reikienergie.

In der heutigen Zeit sind Ruhe, auch Stille etwas sehr seltenes geworden. Entscheiden wir uns bewusst dafür, dürfen wir wohl oft den Satz hören, den ich zugegeben nicht ganz verstehen kann, wenn ich ihn wörtlich nehme „Na, wenn du so viel Zeit hast?!"

Diese Worte, so fühle ich, kann man so oder so verstehen.

Natürlich haben nicht alle Menschen die gleiche Zeit zur Verfügung. Allein schon, weil kein Mensch weiß, wie lange es dem lieben Gott gefällt, dass wir hier auf der Erde weilen dürfen. Aber was ich mit diesen Worten verbinde ist, das ein Tag 24 Stunden hat. Nur jeder Mensch setzt andere Prioritäten für sich und sein Leben!

Warum muss wohl immer alles schneller, lauter, besser werden? Oft begeben wir uns dadurch in ein Laufrad, das nur sehr schwer noch anzuhalten ist. Im Gegenteil, es hält erst an, wenn sich ungute Körperlichkeiten, also Krankheiten zeigen. Dann müssen wir uns Zeit nehmen, zum Heilwerden! Und dann ist die Zeit ja auch da. Auf einmal.

Viele von uns gehen mit der breiten Masse mit und achten gar nicht auf ihr eigenes Gefühl, das wo möglich in eine ganz andere Richtung zeigt. Und eigentlich, dass ihre Wegrichtung wäre. Angst, kein Selbstvertrauen, nicht gut genug zu sein, die Meinung anderer, vieles hält uns vom eigenen Weg ab, der doch eigentlich nur darauf wartet, von uns, dem Einen beschritten zu werden, von dem, der für ihn bestimmt ist.

Wir haben wohl nicht gelernt nach Innen zu schauen. Doch was nicht ist, kann ja bekanntlich noch werden! Was würde meiner Seele gut tun? Dahin sollten wir unsere Aufmerksamkeit lenken.

Wichtig ist, die eigenen Gefühle wahrzunehmen! Nicht seinen Willen, der da womöglich auch immer das gerade möchte, was ein anderer hat. Das führt nicht wirklich zu einem glücklicheren Sein. Was kann man der eigenen Seele Gutes tun?

So habe ich schon beobachten können, der Umbruch kommt so in den besten Jahren. Nachjagen verpasster Chancen? Glaube ich nicht! Das Leben das zu einem gehört, weil es aus der Seele kommt, ist kein Nachjagen. Es ist ein Bejahen des Selbst! Meiner Ansicht nach, kann etwas Neues in jedem Alter beginnen. Auch ein viel älterer Mensch kann durchaus, wenn er neugierig genug ist und noch lernen möchte, etwas Neues ausprobieren. Wer sagt uns denn, bis wann wir das dürfen? Das Seelengefühl! Wenn wir es fühlen und immer wieder, tief in uns, dann ist die Zeit da, etwas zu beginnen oder zu ändern. Das Neu, auch anders wie auch immer, sein kann. Und das Schöne daran ist, wenn man seinem eigenen Gefühl folgt, so ist meine Erfahrung, kommt auch immer wieder etwas anderes dazu. Etwas Gutes. Eins führt zum Anderen. So als möchte die Seele sagen, „Vertraue mir, ich führe dich."

Bei mir begann mein Umbruch als ich Anfang vierzig war. Zuerst widmete ich meine Zeit der spirituellen Energie, welche mich auch heute noch begleitet. Später erhielt ich spirituelle Einweihungen durch die Geistige Welt. Näheres dazu habe ich in meinem Buch „SeelenEngel" beschrieben. Wieder später unterhielt ich

14

mich mit Seelen, über die Gefühle und noch viel später, begann ich mit dem Schreiben. Auch hier habe ich mich weiterentwickeln dürfen. Hatte ich zuerst Gedichtsbücher mit Gedanken und Gefühlen gefüllt, kamen etwas später spirituelle Geschichten dazu, Erfahrungsberichte, Märchen und Geschichten. Und auch dann ging es noch weiter, obwohl ich dachte, was kann jetzt noch kommen? Hatte ich zuerst selbst aufgenommene Fotos die einige Bücher schmückten, waren es bei den Märchen und Geschichten später eigene kleine kunterbunte Zeichnungen. Selbst hatte ich das nie für möglich gehalten. Doch ich bekam die Bilder bei den Meditationen und so malte ich sie auf. Die Entwicklung schreitet vorwärts. Und das ist ganz wunderbar.

Dem eigenen Gefühl folgen, ist für mich also etwas lebensbejahendes. In jedem Abschnitt des Lebens. Immer dann, wenn wir es fühlen.

Natürlich gibt es große Unterschiede, in den Veränderungsprozessen. Einer geht in ein Konzert nach einem anstrengenden Tag und fühlt sich dann wieder wohl und ein anderer hat es vielleicht etwas schwieriger. Er muss größere Veränderungen vornehmen, um wieder ins Gleichgewicht zu kommen. Er bräuchte mehr Kraft für die anstehende Veränderung, weil er einen Arbeitsplatzwechsel braucht, einen Wohnortwechsel, eine Veränderung der Beziehung zum jeweils anderen oder eine ganz neue Partnerschaft. Kraft! Es braucht mehr Energie zum Verändern.

Wellness für die Seele, kann man natürlich bei beiden Varianten anwenden. Doch so glaube ich, das sie sofort durchschlagend wirken kann, wenn man die leichtere Variante bedient, also ich spreche vom Konzertbesuch. Bei dem zweiten Beispiel darf man auch zum Konzert, natürlich, doch es schenkt bei der vielen Kraft die man braucht, doch nur einen

Bruchteil dessen, was die Seele wieder zum Lächeln bringen kann. Der Weg ist eben etwas schwieriger angelegt. Aber, positiv denken hilft in jedem Fall und so kann man auch diese Veränderung meistern und fühlt wieder seine Balance.

Und natürlich spielt das Gefühl „Angst" eine Rolle. Oft betrifft es wohl Menschen, die Veränderungen skeptisch gegenüber stehen oder instinktiv fühlen „Oh da kommt noch etwas auf mich zu." Aber hinter der Angst, liegt oft das Paradies. Vorsicht, Alarmfarbe! Das kann das Gefühl in uns sein. Das Gefühl Angst ist natürlich auch wichtig, instinktiv kann es uns auch in Notsituationen retten. Doch wir sollten lernen, einzuschätzen, wenn so eine vorliegen könnte.

Geht es bei der anstehenden Veränderung wirklich um Leben und Tod? Oder geht es darum, die Angst zu besiegen, einer unguten, wenn auch vertrauten Situation zu entkommen und fühlt man Angst, weil man nicht weiß, was danach kommen könnte? Die Liebe zu einem Selbst hat uns noch nicht so oft besucht, geschweige denn, sich in uns eingerichtet. Hier sollte man positiv mit seinem Gefühl arbeiten. Möglich ist auf ein Blatt Papier zu schreiben, wo vor hat man Angst. Man bekommt es sofort gespiegelt, es wird bewusst und so kann man sich direkt damit auseinandersetzen.

Was gefällt mir in meiner jetzigen Situation nicht und wenn ich aus dieser herausgehe, was könnte mich dann erwarten?

Doch zurück zu Wellness für die Seele.

Denken sie jetzt an Sauna und Beautyanwendungen? Das sind ganz bestimmt zwei wunderbare Dinge für die Seele und gesund sind sie auch, vorausgesetzt wir vertragen die Temperaturen in der Sauna gut. Aber es gibt noch viele andere Möglichkeiten der Seele Gutes zu tun. Bevor

18

ich mich dem jedoch widme, möchte ich gern die Begriffe „Wellness" und „Seele" etwas unter die Lupe nehmen.

Was verbirgt sich hinter dem Begriff „Wellness" und was unter dem Begriff „Seele?" Dazu möchte ich mich meiner eigenen Gefühle bedienen.

„Wellness" in ihm versteckt sich für mich das Wort „Welle." Wo man Wellen vorfinden kann, wissen wir. Da, wo man Flüssigkeit vorfindet, die durch äußere Einwirkung ins Schwanken gerät. So können Wellen erzeugt werden. Ein starker Wind erzeugt Wellen auf dem Wasser. Auch ein Stein den wir ins Wasser werfen, würde Wellen erzeugen. Und wie fühlen wir uns, wenn wir beides zu Gesicht bekommen? Genau „Oh schön die Wellen sind heute besonders groß." Oder wir freuen uns wie ein Kind, wenn ein Stein ins Wasser plumpst und da-durch Wellen entstehen. Und wenn ich nun dieses Wissen im übertragenen

Sinn auf unsere Gefühle anwende, die vielleicht an einem Tag nicht ganz so fröhlich wären, brauchten wir also eine Welle, die uns den Unmut wegspült, damit die positiven Gefühle wieder an den Tag kommen. Und Wellen können verschiedene Namen tragen!

Konzert, Tiere, Spaziergang, und und und.

Sie kann also auch aus Musik sein, unsere Welle. Auch Düfte, Edelsteine und anderes. Was es schlussendlich sein wird, kommt ganz auf das Gefühl jedes Einzelnen von uns an. Und damit hätte ich schon die Überleitung zum nächsten Begriff „Seele."

Was ist Seele und was verstehe ich darunter?

Auch hier möchte ich meine eigenen Gefühle versuchen.

20

Seele, ist für mich das, was ein Leben erst lebenswert machen kann. Die Gefühle! Ohne Seele, würde sich wahrscheinlich unser Leben leer anfühlen. Für mich sitzt die Seele im Solar Plexus, oder ich könnte auch sagen im dritten Chakra. Dieses befindet sich etwa eine Hand breit über dem Bauchnabel. Hier wohnt alles Gefühl. Und ich stelle mir vor, von hier geht es auf Reisen, nicht nur ins Herz so glaube ich, auch in die Tastorgane, in die Sehkraft, einfach in den ganzen Körper. Denn ohne Gefühl würden wir zum Beispiel keine Freude empfinden. Könnten auch den anderen, nicht wirklich berühren im eigentlichen und auch übertragenen Sinn. Wir kennen den Ausdruck „Die Augen sind der Spiegel der Seele." Das empfinde ich auch so.

Oft sehen wir im Blick eines Anderen, ob er traurig oder freudvoll gestimmt ist. Und doch glaube ich, nicht nur an den Augen können wir dies ablesen, sondern am Menschen im Ganzen. An einem

Händedruck können wir auch empfinden, wie das Gegenüber ist, schaut es uns dabei an, oder wandern seine Augen weg von uns. Auch die Körperhaltung sagt etwas über das Befinden der Seele aus. Genau genommen die ganze Körpersprache ist mit unserem Gefühl verbunden.

Um die Seele im Gleichgewicht zu halten, sie also in Freude zu wiegen, können wir uns vielem bedienen. Wichtig ist immer, wir achten auf unser eigenes Gefühl. Auf die eigene Seele, sie spricht mit uns. Durch das eigene Gefühl erfahren wir, sollten wir von der lauten Welt da draußen uns ein wenig zurückziehen und innehalten, oder sollten wir uns unter Leute mischen und hinaus gehen, uns zeigen.

Manchmal braucht die Seele einen Rückzug, auch wenn wir ansonsten gern mit anderen Menschen zu tun haben. Oft ist es dann eine Zeit des Umbruchs, der Veränderung, aber vielleicht auch nur ein stressiger Tag und die Seele möchte einfach nur ausruhen. Darf sie das in diesem Moment, stellt sich nach und nach ein Wohlgefühl ein. Und zum Ausruhen gehört auch der erholsame Schlaf.

Aus meiner Erfahrung kann ich sagen, dass der Schlaf für mich durchaus ein Heilmittel für meine Seele ist. Vor allem in Transformationsphasen brauchte ich immer ganz viel Schlaf, auch tagsüber.

Aber auch ein tiefer gesunder Nacht-schlaf und das am Besten jede Nacht ist wünschenswert. Denn die Seele muss sehr viel bewältigen in Transformations-phasen. Ruhen wir uns von unseren Ge-fühlen nicht aus, hat die Seele ständig zu tun. Das wäre dann Schwerstarbeit und das möchte niemand fühlen.

Und gerade in solchen Zeiten der Verän-derung, braucht es Unterstützung auf seinem Weg. Wünsche ich ihnen also ei-nen guten und harmonischen Weg und befinden sie sich in Transformations-phasen, dann wünsche ich ihnen einen lieben Menschen an ihrer Seite und in anderen Zeiten natürlich auch.

Alles ist gut.

Musik

Fühlen sie die Energie des Wortes „Musik"? Für mich fühlt sich das gerade eben schön leicht an.

Musik ist eines der schönsten Hörerlebnisse wie ich finde und das Beste daran ist, es findet sich für jeden Geschmack etwas. Ob Klassische Klänge, Rock oder Pop, andere Musikrichtungen, wie Entspannungsmusik und einiges mehr, es bringt die Seele bei Gefallen wieder in ihr Gleichgewicht zurück. So kann auch die Musik das Wohlfühlen unterstützen, das bereits in uns wohnt.

Aber ich glaube nicht nur das Musikhören in seinen unzähligen Tönen, könnte uns wohl tun, auch das Musik machen. Selbst spiele ich kein Instrument, könnte mir aber durchaus vorstellen, dass das auch eine Möglichkeit wäre, sein Wohlbefinden zu unterstützen, wieder in Balance zu bringen. Und nicht nur das! Man spielt ja möglicherweise für andere auf und freut sich ihre Seele, freut sich die eigene Seele auch. Das garantiert dann wohl doppelte Freude!

Haben Sie auch das Gefühl, mit Musik geht vieles leichter? Dürfen wir bei der Arbeit Musik hören, macht sie gleich viel mehr Spaß. Zu Hause bei der Hausarbeit, wenn sie erklingt, geht die Arbeit scheinbar schneller von der Hand. Mit schöner Musik, verfliegen die Stunden einfach so. Manchmal auch schade, oder? Denken sie gerade an ihre erste Liebe? Gedämpftes Licht und ein Song der die Herzen noch weiter für die Liebe öffnete? Das allein, ist doch schon ein Grund das Leben mit Musik zu verschönern.

Durch ihre unterschiedlichsten Töne, ist sie universell einsetzbar. Bei Therapien zum Beispiel, doch auch einfach nur in Einkaufsmärkten. Tänzeln sie sich auch

28

manchmal durch die Regalreihen? Das Einkaufen mit Musik macht schon ein wenig mehr Spaß. Bei Dorf- oder Stadtfesten wird Musik aufgespielt und ist da nicht mehr wegzudenken.

Mit am Schönsten ist es wohl aber, sich zur Musik bewegen zu können und hier gibt es vielfältige Möglichkeiten. Das schnellste und einfachste ist einfach zu Hause das Tanzbein zu schwingen. Wer es gern anders oder auch besonders mag, ist vielleicht bei den unterschiedlichsten Angeboten gut aufgehoben, wie zum Beispiel in einer Tanzschule. Oder auch Standardtanz, Bauchtanz, Westerntanz oder mehr im sportlichen Bereich angesiedelt, Aerobic, all das könnte in unserem Gefühl wieder die Sonne scheinen lassen, wenn es uns behagt. Doch wie die Bewegung im Allgemeinen, so darf man auch zur Musik, sie durchaus sportlich sehen und sie kann so zum Wohlbefinden beitragen, es fördern und unterstützen.

So wirft sich für mich die Frage auf, „Ist die Musik ein Heilmittel für die Seele?"

Ganz so einfach ist das wohl nicht, glaube ich. Vielleicht kein Heilmittel im herkömmlichen Sinn, aber ich meine, eine Möglichkeit die Heilung günstig zu beeinflussen, wenn wir für musikalische Klänge offen sind, in welchen Tönen sie auch immer für uns aufspielen. Sie könnte uns trösten oder wenn wir schon guten Mutes sind, noch mehr Beschwingtheit vermitteln. So das wir mit positiven Gedanken und Gefühlen durch unser Leben gehen können. Was Musik auch möglich macht, sie verbindet. Das kann uns immer wieder bewusst werden, wenn wir den einen oder anderen Song mit singen, weil er unseren Gefühlen gut tut und wo möglich gerade auch, etwas der eigenen Geschichte erzählt. Das ist eine Möglichkeit, die eine Verbindung schaffen kann. Denn aus der Musik können wir auch Kraft schöpfen. Und wenn ich mir vorstelle, dass zu einem

Lied, das mich berührt, unzählige andere Menschen auch einen Zugang durch ihre Seele finden, ist die Kraft doch unsagbar stark, die so ein Lied schenken kann. Das können wir doch auch fühlen, wenn wir ein Konzert besuchen. Und dort gibt es auch noch etwas anderes das verbindet. Einmal die Verbindung die zwischen den Musizierenden geschaffen wird und dann die Verbindung von ihnen zu uns, den Zuhörern.

Musik, so glaube ich, kann so viel, vielleicht sogar auch dazu beitragen, einander zu vergeben. Ein schöner Gedanke glaube ich, und lässt er sich sanft ins Gefühl fallen, könnte Großes und Schönes erwachsen, wenn alle sich dazu bereit fühlen.

Die spirituelle Energie

Spirituelle Energie

Durch unsere Gefühle nehmen wir die Führung der Seele wahr. So wird sie uns auch fühlen lassen, ob wir uns einem der vielfältigen Angebote in diesem Bereich öffnen dürfen und was noch viel wichtiger meinem Empfinden nach ist, wem wir uns öffnen dürfen. Sehen wir uns bei Interesse um, dürfen wir unzählige Angebote empfangen, die uns für die spirituelle Energie begeistern möchten. Ich selbst bin nicht nur Reikilehrerin, auch in anderen spirituellen Einweihungen habe ich mich bis zur Lehrerin oder Meisterin einweihen lassen. Doch selbst bin ich nicht irgendwem gefolgt, sondern es kam aus meiner Seele, dieser Wunsch mich einweihen zu lassen. Und das möchte ich gern jedem mit auf den Weg geben. Folgen sie nicht einer breiten Masse, die das cool findet oder was auch immer. Hören sie auf ihre innere Stimme! Möchten sie das? Ist es ihr Gefühl? Und es muss nicht immer gleich eine Einweihung sein, wenn sie noch gar nicht wissen, wie sich das anfühlen könnte. Probieren sie bei Interesse am Anfang eine Sitzung aus. Die Energie wird übertragen und sie bekommen einen Eindruck davon, wie es sich für sie anfühlt und dann können sie immer noch entscheiden, ob dass das Richtige für sie ist.

Reiki ist eine spirituelle Energie, die sicherlich sehr viele Menschen bereits kennen, auch praktizieren.

Sie ist universelle Lebensenergie. Es ist wie die Luft, die wir zum Atmen brauchen und die auch ständig um uns ist. Bei einem jeden von uns. Nur das sie beim Reiki in gebündelter Form zu uns kommt.

Gern gebe ich ein Beispiel.

Denken wir an einen großen See, in dem wir schwimmen. Das ist im übertragenen Sinn die Luft, die wir zum atmen zur Verfügung haben. Das Wasser ist um uns herum.

Die gebündelte Form der Wasserenergie, wäre dann das Wasser, das aus einem Wasserhahn fließt und so ist es auch bei der Reikienergie im übertragenen Sinn zu verstehen. Sie ist ständig um uns herum, wir atmen sie. Bei einer Sitzung fließt die Reikienergie in gebündelter Form, durch das Handchakra des Gebenden hinüber zu dem Nehmenden.

Reiki ist positive Energie, die die Selbstheilungskräfte unterstützt. Sie trägt aber auch zur spirituellen Entwicklung bei. Für mich selbst kann ich sagen, ich wurde rechtzeitig durch mein Gefühl zum Reiki geführt. Denn etwas später, hatte ich eine schwere Zeit durchzustehen und ohne diese energetische Unterstützung, weiß ich nicht, wie es sich für mich entwickelt hätte.

Auch energetische Blockaden können mit Reikienergie neutralisiert werden. Was aber nicht heißen soll, das danach alles beim Alten bleiben darf. Bei energetischen Blockaden sollte der Mensch umdenken. Denn sonst ist die Neutralisierung nur für kurze Zeit und es stellen sich wieder energetische Blockaden ein. Führt man sich oft Reiki zu, arbeitet die Seele mit dieser Energie und man darf sich Schritt für Schritt weiterentwickeln und ein Rückfall ist nicht mehr möglich. Wenn wir uns nicht unserer Seelen annehmen, nicht unserem eigenen Gefühl folgen, kann das für uns heißen, dass wir Energieblockaden fühlen werden. Das heißt oft auch, Arbeit mit dem inneren Kind. Hier kann positive Energie hilfreich unterstützend wirken.

Eine weitere Möglichkeit wäre, eine Einweihung in ein spirituelles Energiesystem.

Hier brauchen wir nicht unzählige Reikisitzungen, sondern könnten uns danach sofort selbst diese Energie zukommen lassen. Wo immer wir auch gerade sind. In einigen Praxen, gibt es die Möglichkeit Fernreiki auch gratis zu erhalten. So mache ich gleich einmal etwas Werbung in eigener Sache. Auch bei mir gibt es Fernreiki gratis. Und das ist eine Möglichkeit sich mit Reiki zu beschäftigen, um zu fühlen, wie das funktioniert. Auch Einweihungen kann man gut über die Ferne abhalten. Selbst finde ich das eine gute Einrichtung. Denn der oder die Lehrerin sucht man sich ja nicht selbst aus, man wird geführt durch die Seele und wohnt man hunderte Kilometer entfernt, möchte man ja nicht wegen einer Einweihung dort hin und so sucht man wohl jemanden in der Nähe, aber fühlt sich wo möglich gar nicht gut dabei, weil die Seele etwas anderes im Sinn hatte. Da ist doch eine Ferneinweihung eine sehr gute Wahl, meinem Empfinden nach. Es gibt sogar noch Vorteile. Man ist zu Hause, kann es sich gemütlich machen, spart Fahrgeld und oft sind diese Optionen auch etwas günstiger zu haben. Das liegt daran, es bedarf keiner Vorbereitung in der Praxis und der Schüler geht seinen erworbenen Hefter, den jede Einweihung mit sich bringt, allein durch.

Doch aufgepasst! Der oder die Lehrerin muss hinterher für Fragen immer offen sein. Persönlich begleite ich meine Einzuweihenden, bis sie keine Fragen mehr haben. Wie lange das auch im Nachhinein noch sein mag. Das kann man telefonisch oder auch per Mail klären. Es funktioniert wunderbar. Aber natürlich kommt es immer auf das eigene Gefühl darauf an. Mögen sie lieber eine Direktweihe, dann eben so.

Der Vorteil einer Einweihung gegenüber Reikisitzungen ist für mich, man kann sich mit positiver Energie selbst versorgen und eine Begegnung, mit einem Menschen, der gerade ein Gefühl des Kummers in sich trägt, fängt unsere Seele dann gut ab und vielleicht, wenn er es möchte, könnten auch wir dem anderen helfen.

Die Welt würde friedlicher werden.

In vielen Firmen herrscht heutzutage ein rauerer Ton und mit Reiki kann man sich selbst gut damit unterstützen, diese Energie von den Gefühlen fernzuhalten, auf den verschiedensten Ebenen. Und arbeitet man viel mit sich selbst und die Seele ist für die positive Energie offen, wird sie uns führen, wo auch immer hin. In ein anderes Unternehmen, in die Selbstständigkeit, lassen wir uns überraschen, was an positiven auf uns zu kommen darf. Vielleicht ändert sich auch die Energie im Unternehmen und wir fühlen uns irgendwann dort wieder wohler.

Spiritueller Energie, wie Reiki, ist kein Wundermittel.

Doch es hilft in unguten Situationen sich besser abzugrenzen und somit auch weiterzuentwickeln, um schlussendlich das Spektrum an Talenten an den Tag zu holen, was in der Seele schlummert und erkannt werden möchte.

Situationen in der Vergangenheit, wie auch in der Zukunft, kann man so von unguten oder kritischen anstehenden Energien neutralisieren. Für mich selbst hat der zweite Reikigrad viel bewegt. Ab da fühlte ich eine intensivere Verbindung zu den Engelsenergien. Nicht gleich danach, aber mit viel Arbeit an mir selbst und mit und durch die Energie.

Schon beim ersten Grad des Reiki kann man nicht nur sich selbst auch anderen Menschen mit dieser spirituellen Energie gutes Tun. Auch unseren Haustieren. Meine Katzen lieben es!

Weiterhin ist es auch möglich, Räumlichkeiten energetisch zu reinigen. Ob Wohnung, Haus, Garage, die Firma, die Praxis, alles das ist gut möglich.

Selbst bin ich eine Befürworterin energetischer Reinigungen.

Denn auch eine energetische Raumreinigung erhöht das Wohlbefinden der Seele.

In diesem Sinn schauen sie sich um und lauschen sie ihrer Seele.

Die energetische Räucherung

42

Das energetische Räuchern

Energetische Räucherungen haben für mich mit Gefühl zu tun. So glaube ich, dass auch Weihrauch ungute Energien neutralisieren kann und der Glaube versetzt ja bekanntlich Berge. In der heutigen Zeit ziehen schon lang nicht mehr nur in der Adventszeit die Räucherdüfte durch unsere Räume. Es kann zu einem täglichen Ritual werden und dabei kann man auch der Seele Gutes tun.

Ich weiß nicht wie sie es empfinden? Für mein Gefühl muss alles stimmen, damit es sich für mich harmonisch anfühlt.

Das beginnt schon beim Räucherstövchen. Größe, Durchmesser, Material, Farbe, alles muss zu meinem Gefühl passen, ansonsten bräuchte ich gar nicht erst anzufangen.

Wo möglich meinen sie nun, es würde ja nur um den Duft, um die Pflanzenwirkstoffe gehen? Darum geht es in jedem Fall! Doch für mich persönlich, muss auch das Drumherum stimmen. Meine Seele hätte sonst nicht so viel Freude an diesem mir liebgewonnen Ritual. Und bei der Auswahl des Räucherwerkes ist es ähnlich. Hier sollten wir auf das Gefühl achten. Die Seele führt uns, welche energetische Unterstützung sie gerade braucht und wünscht.

Sollte es ein Harz sein, wie Weihrauch oder doch eine Rosenblüte oder gar Zedernholz? Es gibt unzählige Möglichkeiten. Lassen wir uns durch das Gefühl leiten. Das gilt auch beim Kauf von Räucherwerk.

Was und wo wir es erwerben möchten, entscheidet ein Jeder nach seinem Gefühl. So sollten wir uns nicht wundern, wenn wir vielleicht das Zedernholz wo anders erwerben, als den Weihrauch, den wir vielleicht in einem Klosterladen kaufen, so ist zum Beispiel mein Gefühl.

Eine wunderbare Möglichkeit ist mit einheimischen Pflanzen zu räuchern, sie zu pflücken und anschließend zu trocknen. Das bedarf aber etwas mehr an Räumlichkeiten. Schließlich pflückt man nicht jede 100g immer wieder, sondern man möchte ja auch größere Mengen bewerkstelligen können und muss sie nach dem Pflücken auch irgendwo an einem unbenutzten Platz ausbreiten. Wer stolzer Hausbesitzer ist oder über einen großen Wohnraum verfügt, ist da sicherlich in der Lage, dies alles selbst zu bewerkstelligen. Beim Sammeln sollte man darauf achten, die Pflanzen nicht an zu befahrenen Gegenden zu pflücken. Etwas am Straßenrand oder an einem Parkplatz zu pflücken, dass dort zu finden ist, da hätte man sicher keine Freude an der energetischen Reinigung. Diese würde es dann, vermutlich so gar nicht geben.

Zum energetischen Räuchern findet man so einiges an Zubehör.

Selbst habe ich zwei Stövchen mit Sieb, da ich fast ausschließlich auf Sand räuchere. Bis auf den Weihrauch oder Bernstein, diese Harze benutze ich im Weihrauchbrenner. Mit Kohle räuchern, gefällt meiner Seele einfach nicht.

Habe ich mein Stövchen mit Hölzer, Kräuter oder Blüten, manchmal auch je nach meinem Gefühl, mit allem auf einmal besetzt, stelle ich es auf meinem Altar und dort bleibt es stehen bis die Räucherung verbrannt oder sehr oft das Teelicht erloschen ist.

Oft benutzte ich auch ein zweites Stövchen für einen anderen Raum, ganz nach meinem Gefühl. Und dieses leitet mich auch an, wenn ich den Weihrauchbrenner benutze, um mit ihm durch jeden Raum, in jeden Winkel eines Zimmers zu gehen, um so den Duft des Weihrauches dort zu verteilen. Denn in den unbelebten Ecken eines Raumes, wie zum Beispiel hinter einer Tür oder hinter einem Schreibtischplatz, der auf Ecke steht, könnten sich Fremdenergien versteckt halten, die durch den Weihrauch neutralisiert werden können.

In den letzten Jahren wurde ich öfter gefragt, was und wie ich energetisch räuchere. Erzählte ich es, bekam ich immer wieder zur Antwort „Das mache ich anders, da mache ich es ja falsch."

Mich irritierten diese Antworten ein wenig und ich gab meinem Gegenüber zu verstehen „Wenn du nach deinem Gefühl gehandelt hast, kannst du nichts falsch gemacht haben. Jeder tut es so, wie er es fühlt. Wenn man natürlich immer wieder andere befragt, wie sie es tun, hört man nie auf sein eigenes Gefühl und wird nie die richtige Räucherung finden. Es wird immer jemanden geben, der andere Pflanzen, Blüten, Harze räuchert, als man selbst. Wen wollten wir es dann recht machen, wenn wir uns nach ihnen richten? Es kann nur das eigene Gefühl bestimmen wann, was und wie wir räuchern möchten!

So lasse ich nach meinem Rundgang durch die Zimmer manchmal meinen Weihrauchbrenner in einem Zimmer stehen und ein anderes Mal wieder, stelle ich ihn auf meinen Altar. Schön empfinde ich auch, das Verteilen des Weihrauches mit einer Schwanenfeder. Selbst benutze ich sie manchmal, ein anderes Mal wieder nicht. Natürlich kann auch der Duft eines jeden Räucherwerkes mit einer Feder verteilt werden, wenn ich sie selbst benutze, dann nur beim Weihrauch. Nach dem energetischen Räuchern mit Harzen, lässt mich mein Gefühl immer wissen, es ist gut, nun durchzulüften damit die neutralisierten Energien nach draußen entweichen können.

Doch das Räuchern mit Sand oder Kohle ist ja noch längst nicht alles. Da gibt es noch die beliebten Räucherkegel und Räucherstäbchen in vielen Duftrichtungen. Gerade Räucherkegel wurden früher ja meist zur Advents- und Weihnachtszeit benutzt. Heute ist das ganz anders. Hier gibt es auch den Weihrauchduft, aber auch noch ganz viele andere Düfte. Selbst liebe ich Weihrauch, auch in Stäbchenform und so ist es nicht verwunderlich, das in meinem zu Hause, oft dieser Duft die Räume füllt. Doch zur energetischen Reinigung nehme ich diese Möglichkeiten, nicht wahr.

Wie es auch sei, das energetische Räuchern ist ein schönes Ritual, das meine Seele positiv beeinflusst.

Da ich aber auch Reiki und andere spirituelle Energiesysteme praktiziere, bilde ich immer eine Symbiose aus spiritueller Energiearbeit und energetischem Räuchern, so nach dem Motto „Doppelt hält besser."

Achten wir auf unser eigenes Gefühl, werden wir uns mit der Zeit auch wohler fühlen.

Die Düfte

Düfte

Düfte sind etwas Wunderbares!

Es gibt so eine große Bandbreite sich ihrer zu bedienen, damit sich das Zuhause in eine Duftoase verwandeln kann. Und ähnlich wie beim energetischen Räuchern, kann man bei den Düften auch dafür sorgen, dass ihre Essenz den Raum erfüllt. Wie könnte es anders sein, auch hier gibt es verschiedene Möglichkeiten. Da kommt mir die Duftlampe in den Sinn. Auch sie wird nach Gefühl ausgesucht sein, genauso verhält es sich mit Auswahl eines Duftes. Wird eine Duftlampe mit einem Teelicht bestückt und in die Schale kommt Wasser hinzu, mit einigen Tropfen vom ausgesuchten ätherischen Öl, so wird eine andere mit bunt geformten Duftfiguren belegt, welche durch die Hitze zerlaufen und so ihren angenehmen Duft in ihre Umgebung abgeben.

Es gibt auch verschiedene Tonfiguren, die wir mit ätherischen Ölen beträufeln können. Es ist aber auch möglich, ein paar Tropfen des Ätherischen Öles auf eine Sandrose zu geben. Der Duft wird von hier in die nähere Umgebung abgegeben und es sieht auch dekorativ aus. Das ist mein Favorit.

Auch meine Katzen mögen diese Düfte. Am liebsten benutze ich Orangen- oder Zitronenduft.

Und natürlich nicht zu vergessen, die vielen Duftkerzen in den verschiedenen Formen und Größen.

Diese farbige Vielfalt liebe ich.

Denke ich an früher, wie es bei uns so war, da sah ich nur Kerzen in den Farben rot, weiß, creme oder grün und natürlich nicht die Bienenwachskerzen zu vergessen. Aber von Düften keine Spur.

Nach meinem Gefühl leben die Kerzen heute!

Natürlich ist auch bei diesen Düften alles möglich, was uns gefällt und was wir, ein jeder von uns, als angenehm empfindet. Und das trifft ja nicht nur allgemein auf Kerzendüfte zu. Vor allem auf den Duft eines Parfüms. So glaube ich, wir fühlen uns an manchen Tagen viel wohler, wenn wir einen Duft an uns tragen. Und heutzutage machen da auch viele Männer keine Ausnahme mehr. Auch sie wollen, dass man sie gut riechen kann.

Eine andere Erfahrung mit einem Duft durfte ich auch schon einmal machen. So half mir vor einigen Jahren ein Parfüm beim Loslassen eines mir nahestehenden Menschen. Meinen Kummer musste ich erst noch verarbeiten und ich wusste, es würde seine Zeit dauern.

Damals haben mich die Engel durch meine Seele fühlen lassen, ich sollte mir ein Parfüm kaufen, dessen Duft mich an diesen Menschen erinnert und wenn ich mich schlecht fühle, darf ich es auflegen. Das tat ich und an den Tagen, an denen ich besonders fühlte, es wäre schön, wenn dieser Mensch noch da gewesen wäre, legte ich den Duft an.

Es mag seltsam klingen, doch es half mir bei meiner Verarbeitung sehr. Mag sein, es lag an meinem Glauben, doch ich konnte meine Trauer etwas besser bewältigen. Es war wie ein goldener Lichtstrahl, in einer schwierigen Zeit.

Düfte können meiner Meinung nach, sehr viel. Sie können uns zum Träumen bringen, vielleicht sogar manches vergessen lassen und wie ich es erfahren hatte, auch helfen, manche Situation besser zu bewältigen, wenn wir es zu lassen. Natürlich immer vorausgesetzt, es gefällt, dann sorgen sie für ein Wohlgefühl in dem wir uns gern aufhalten. Sie können so eine Oase für die Seele sein.

Ein Wunschgedanke von mir, es wäre schön, wenn sich alle Menschen immer gut riechen könnten. Na wie wäre das? Ja, eine friedlichere Welt!

Der Glaube

Glauben

Glauben. Ein groß gefühltes Wort.

An so vieles können wir glauben. An Gott, an uns selbst, an andere und vieles mehr. Und doch geht es mir jetzt um das Glauben an das eigene Gefühl.

Glauben, heißt nicht Wissen. Sonst würden wir wissen und nicht glauben. Erzählt mir mein Gegenüber etwas, muss ich es erst einmal glauben. Und doch, lässt unser Gefühl uns erfahren, ob das Gesagte stimmig ist oder nicht. Und selbst, wenn für unser Gefühl es nicht stimmig ist, was wir erfahren haben, heißt das noch nicht, dass wir recht hätten. Dazu bräuchte es Beweise. Aber wir glauben dem eigenen Gefühl. Der Glaube und das Wissen, ein Spiel mit der Wahrheit.

Ist der Glaube ein Abgeben der eigenen Verantwortung? Oder ist er viel mehr? Ist er wo möglich auch das Gefühl in uns, das uns hoffen lässt, durchleben wir einmal eine schwierigere Zeit?

Spreche ich von mir, muss ich gestehen, dass ich in weiter Vergangenheit immer den lieben Gott um Hilfe bat, wenn es gerade eine ungute Phase gab. Ging es darum, das ich Angst um meinen Arbeitsplatz hatte oder das ich einen Fehler begangen hatte, egal um was es sich handelte, ich sprach den lieben Gott an und fühlte auch, dass sich eine ungeheure Kraft in mir entwickelte.

Diese fühlte ich nur, wenn ich wirklich um etwas aus tiefster Seele bangte und ihn anrief, um Hilfe zu erfahren. Es hatte sich immer wieder zum Guten gewendet. Dem lieben Gott sei Dank!

Vor sehr vielen Jahren schon, bevor das ich das Gefühl empfand, das meine Bitte an Gott mich aus einer unschönen Situation retten könnte, ging ich in mich und dachte darüber nach, ob ich an Gott glaube. Das kam daher, dass ich einmal ein Gespräch führte, ob ich überhaupt an Gott glaubte. Gott selber war für mich als Kind kein Thema, aber die Engel. Zwar besuchte ich die Christenlehre, aber was mir dort vermittelt wurde, daran habe ich absolut keine Erinnerung mehr. „Glaube ich an Gott?" das war eine einfache Frage damals an mich selbst. „Eigentlich nicht!" war meine erste Antwort. Und als ich so überlegte fiel mir auf, das ich das Wort „Gott" sehr oft benutzte. „Lieber Gott hilf mir." „Oh Gott steh mir bei." „Lieber Gott sag doch was." „Mein Gott bleib bei mir." Das waren sehr oft meine eigenen Redewendungen, wenn ich in einer Situation war, die ich für mich als ungut einstufte. Und diese Redewendungen, sie kamen wie von allein, aus meinem tiefsten Inneren. Und nun die Antwort „Ich glaube nicht an Gott." „Das gibt es doch gar nicht!" war meine nächste Reaktion. „Ich glaube nicht, an Gott und doch in mancher Situation hatte ich ihn angerufen?!" So fand ich damals zu einer Erkenntnis, dass ich glaube. Meine Gefühle glauben an Gott. Der Glaube hatte mir geholfen.

So erkannte ich!

Doch glaube ich wohl anders als viele.

Ich glaube, dass Gott in jedem Lebewesen ist. Doch glaube ich auch, dass er sehr gut unterscheiden kann, ob man sich gut oder weniger gut verhält. Und so glaube ich seit dem auch, dass sich ein jeder Mensch lieber auf das Gute besinnen sollte. Denn fühlt man gut, fühlt sich das Leben auch gut an.

Mein Glaube ist, dass sich ein jeder Mensch, moralisch gesehen, auch verantworten muss. Das verurteilt kein Gericht, aber die Geistige Welt. Es geht nicht darum keinen Fehler machen zu dürfen, aber aus ihm zu lernen und es dann besser zu tun.

Selbst durfte ich auch schon erfahren, was es heißt einen Fehler begangen zu haben. Für mich eine schmerzhafte Erfahrung, doch ich lernte daraus und mein Schmerz war so groß, glauben sie mir, das vergesse ich nie. So dachte ich mehr und mehr darüber nach und erkannte, dass ich an Gott glaube. Es geht nicht, dass ich in schwierigen Situationen die Geistige Welt um Hilfe bitte und an anderen Tagen nicht daran glaube, weil alles zu meiner Zufriedenheit läuft. So wurde mir bewusst, es gibt nur glauben oder nicht glauben und so habe ich gelernt dankbarer zu werden.

Und mit der Zeit lernte ich auch das Gebet, vor allem „Das Vater Unser." Meine Seele findet in diesem Gebet Halt und Hilfe.

Gern besuche ich auch Kirchen. Hier fühle ich Schutz und auch Liebe.

Doch nicht immer habe ich Zeit und Lust eine Kirche aufzusuchen. Auch wenn mein Empfinden ist, das in einem Gotteshaus, ein Gebet noch stärker sein kann. Vielleicht weil Gott mir da im Gefühl am Nächsten ist.

Eines Tages bekam ich eine Eingebung, mir einem kleinen Altar, zu Hause zu gestalten. Ich haderte erst einmal mit diesem Gefühl. „Einen Altar der in eine Kirche gehört, hier zu Hause aufzustellen?" Doch die Engel haben mich durch meine Seele geführt und ließen mich fühlen, du glaubst nicht nur an Gott, wenn du in einem Gotteshaus bist. Du darfst dir auch einen Altar nach deinem Empfinden zu Hause aufstellen, weil er deine Seele mehr Halt geben könnte.

Gott ist in jedem von uns, also auch in mir, auch wenn ich einen eigenen Altar aufstellen werde. Mein Altar stand, alle Kerzen brannten und mein Seelengefühl unbeschreiblich!

Dennoch besuche ich gern Gotteshäuser, egal wo. Bin ich unterwegs, schaue ich gern in diese alten Gemäuer. Und ich weiß, es gibt durchaus Mitmenschen, die gar nichts brauchen, um sich an Gott gebunden zu fühlen, denn sie tun es im Gebet. Doch sicherlich kommt es auch im Glauben, immer auf die eigenen Gefühle an.

Wo jemand fühlt, das ihm durch ein Gebet, ohne das er irgendwelche Figuren anbeten muss, nur durch seine Worte an Gott geholfen wird, fühlt ein anderer sich durchaus von einem Heiligen, den er beim Gebet anschauen kann, vertrauter, vielleicht auch angenommener.

So glaube ich, wie es ein jeder von uns fühlt, so kann er sich Gott nur nähern. Aus welchem Grund auch immer ein Mensch, ein Gläubiger, einen eigenen Altar erschaffen möchte, es hat etwas mit seiner Seele zu tun.

Für mich persönlich, fühlt sich mein Altar ungeheuer kraftvoll an. Manchen Abend, zündete ich schon alle sieben Kerzen an und nicht nur, das es ein schönes Bild war, nein, meine Seele fühlte sich wohler und fand zurück in ihre Balance. Und darum achten sie auf ihre Gefühle. Was möchte ihre Seele?

Ich glaube, sind wir offen für die Seele, dann können wir ganz viel gewinnen für unser Leben.

Gern möchte ich noch eine kurze Geschichte erzählen.

Bei einem meiner letzten Ausflüge in eine andere Stadt, besuchte ich mit meinem Mann eine alte Kirche. Wir traten ein und ich hatte sie mir etwas anders im Inneren vorgestellt. So trat ich vor den Altar, der sehr zurückhaltend, fast un-

64

sichtbar daher kam, bekreuzigte mich und ging zu einem der Stühle in der ersten Reihe. Dort nahm ich Platz und hielt inne. Ich suchte nach etwas auf dem Altar, an dem ich mich anhalten könnte. Etwas, das mir zu meiner Frage die Antwort schenkte. Doch ich fand nichts. Und war so auf mich selbst zurückgeworfen, das es mir zu Anfang sogar etwas ängstlich war. Irgendwie fühlte ich mich zuerst verloren. So hörte ich tief in mich hinein und gab meinem anfänglichen Gefühl nicht mehr Raum, sondern bemühte mich positiv zu denken, in dem ich das erste Mal für mich feststellen konnte, was ich schon gelesen hatte: Gott ist in mir, auch wenn mein Auge es nicht sehen kann. Mein Gefühl, das die Unterstützung von oben gegeben war, verstärkte sich und ich war beruhigt, ganz tief in meiner Seele.

Einige Wochen später waren mein Mann und ich wieder unterwegs. Wir besuchten einen Dom, dazu gehörte auch das Domschatzgewölbe mit sehr alten Altären. Wie ein kleines Kind blieb ich zuerst am Eingang des Gewölbes stehen, und staunte über die, für mich grenzenlose Schönheit der Altäre. Nun mein Glaube, auch wenn ich es erfahren durfte, dass ich ohne Altar Halt finden darf, hängt am Altar und seiner Ausstrahlung.

Es ist einfach mein Gefühl. So nehme ich es als schöne Zier zum Glauben und bin dankbar, wenn sich mir ein Altar, der meinem Gefühl gefällt, zeigt.

Die Klangschale

68

Klangschale

Wohnten sie schon einmal einer Klang-
schalensitzung bei? Gehören sie zu den
Menschen, die eine oder sogar mehrere
Klangschalen ihr Eigen nennen dürfen?
Dann wissen sie sicher, wie gut sich diese
Energie anfühlt.

Für alle von uns, die sich diesem energetischen Ereignis noch nicht hingegeben
haben, einer Klangschalensitzung kann
man auf verschiedenen Arten beiwohnen.
Einmal allein, damit meine ich wirklich
allein, zu zweit oder in einer Gruppe.

Empfangen wir diese positive Klang-
energie mit anderen Menschen gemeinsam, werden die Klangschalen zum
Klingen gebracht, von dem, der diese
Sitzung abhält und alle anderen geben
sich diesen schönen Klängen hin, lauschen und lassen diese energetischen
Wellen auf sich wirken. Ja, vielleicht me-

ditieren wir auch dabei. Das können wir auch gut nur zu zweit so tun. Dabei können die Klangschalen im Raum ihren Platz finden, aber auch auf unserem Körper. Ob wir nur eine oder mehrere erklingen lassen, liegt in unserem eigenen Empfinden. Entscheiden wir uns für mehrere, dürfen wir ein energetisches Klangkonzert erleben. Hat man allerdings kein Gegenüber, der uns die Schalen zum Klingen bringen könnte, dürfen wir auch mit uns allein Vorlieb nehmen. Zugegeben, es ist dann nicht ganz so effektiv, aber die energetischen Wellen erreichen uns auch dann. Nur eine Meditation, ist dann wohl mit Klängen nicht möglich, da man selbst immer wieder die Klangschale bedienen müsste. Man könnte aber, nach dem man selbst die Schale ein paar mal zum Klingen brachte, den Ton im Gefühl festhalten und dann in sich gehen, wo möglich gelingt so die Meditation dennoch.

Ganz egal wie man so eine Klangschalensitzung auch abhalten mag, die energetischen Wellen durchströmen den Körper und können auch so für Wohlbefinden sorgen. Energetische Blockaden
können aufgelöst werden.

Und wer von uns zu den Menschen
zählt, die stolze Tierbesitzer sind und
bereits eine Klangschale ihr eigen nennen, werden sicherlich davon berichten
können, das ihrem Liebling oder eines
ihrer Lieblinge, diese Energetische Reinigung auch gefällt.

Mein Mann und ich leben seit vielen Jahren mit Katzen und sie lieben es. Lass
ich die Klangschale erklingen, stecken
sie ihre Köpfchen neugierig in die sin-
gende Schale und verharren dort. Natürlich immer nur ein Köpfchen. Meine
Klangschale hat einen „normalen"
Durchmesser, alle zusammen finden da
keinen Platz.

Doch gern möchte ich noch einmal die energetische Reinigung aufgreifen. Mein Glaube ist, das wir auch die Klangschale dafür gut einsetzten können. Mit ihren schönen Klängen können wir durch die Räume gehen und ungute Energien werden entweichen.

Können wir ungute Energien durch energetische Räucherungen, und oder auch mit spirituellen Energiesystemen neutralisieren, so glaube ich, ist es bei der Klangschale anders. Die ungute Energie wird entweichen. Wir kennen doch den Spruch „Nur gute Menschen haben Lieder."

Übrigens auch Musik, so fühle ich, hat diese Gabe, ungute Energien aus Räumen zu entfernen oder fernzuhalten.

Glaubenssache? Wenn ich meinem eigenen Gefühl Glauben schenke, ja!

74

Licht

Wir allen wissen, ohne Licht kein Leben, zumindest nicht wie wir es kennen. Gehören sie zu den Menschen, denen ein Regentag schon auf das Gemüt schlägt?

Lichtmangel kann wohl Seelen aus dem Gleichgewicht bringen.

Doch wenn es regnet, können wir selbst nicht die Sonne herzaubern. Oder doch? Wir könnten auf Reisen gehen, dorthin wo die Sonne lacht, doch ist das nun mal nicht immer möglich, aus ganz unterschiedlichen Gründen. Bleibt noch die Sonnenbank. Aber zu viel ist auch nicht gut, ganz genau so, wie ein zu langer Aufenthalt in der direkten Sonne nicht gut für unsere Haut ist, das wissen wir alle. Was bleibt also noch, an einem solch trüben Tag?

In einem der vorherigen Kapitel ging es um die spirituelle Energie. Sie kann auch wieder die Seele in Balance bringen. Im übertragenen Sinn, es wird also wieder Licht. Unser Wohlbefinden ist zurück. Auch künstliches Licht könnte Abhilfe schaffen, wie ich denke.

Orange, diese Farbe steht für Lebensfreude. Einen orangefarbenen Lampenschirm, wenn dann die Lampe am Abend Licht spendet, könnte das helfen, die Seele sich wohlfühlen zu lassen.

Selbst habe ich seit vielen Jahren eine sehr große Stehlampe mit einem, wie ich finde, sehr hohen und schmalen Schirm in einem meiner Räume, wo ich mich oft aufhalte. Womöglich ist mir auch deshalb die Sonne im Herzen hold? Eine andere Möglichkeit wären Kerzenlichter. Und hier möchte ich gern etwas dem nächsten Kapitel schon vorgreifen und die Edelsteine mit ins Gespräch bringen.

76

Ein Orangencalcit, als Teelicht, zaubert vor allem am Abend, wenn es dunkel ist, ein wunderschönes Licht. Auch ein Salzkristall Teelicht kann das. Eine Salzkristalllampe könnte sicherlich eine positive Stimmung unterstützen.

Es gibt also doch einige Möglichkeiten für uns, selbst Licht in unsere Seele zu zaubern, aber das natürliche Sonnenlicht ist es nicht. Doch die etwas grauen Tage können wir mit diesen, uns zur Verfügung stehenden Möglichkeiten, vorausgesetzt sie gefallen uns, gut bewältigen.

Vielleicht noch etwas zum Kauf dieser lichten Dinge. Sollte es schnell gehen, kaufen wir es doch im Laden unserer Wahl. Wir können genau begutachten und wissen so, was wir mit nach Hause nehmen. Wir sehen die Farbnuancen und entscheiden, ob uns diese kräftig genug sind, wenn das Teelicht oder die Lampe beleuchtet sind. Natürlich dürfen wir auch online kaufen, gar keine Frage. Nur glaube ich, dass sicher viele Fotos im Internet von der einen oder anderen Ware abweichen könnten, denn oft steht wahrscheinlich immer nur ein Foto als Beispiel aus. Manchmal steht das auch so da, damit sich der Käufer nicht auf dieses Teil auf dem Foto versteift. Das mag alles so richtig sein, nur glaube ich, wenn wir schon ein etwas angeschlagenes Gemüt haben und dann bekommen wir unser ersehntes Stück nach Hause gesandt, aber es gefällt dann doch nicht, ist das in diesem Moment nicht so schön. Dann glaube ich, lieber online kaufen, wenn man sich wohler fühlt und man auch Zeit hat, bei eventuellem Nichtgefallen, in Ruhe neu auszusuchen.

Am Ende jedoch zählt nur, was ein jeder von uns fühlt.

Es gibt unzählige schöne Dinge, auch Glasteelichter mit bunten Ornamenten oder in unifarben. Lassen wir unserer kreativen Ader freien Lauf und bei etwas Geschick, erschaffen wir uns etwas eigenes, an dem wir uns auch erfreuen können. Alles was Freude schafft, bringt auch Licht in die Seele.

So auch Kreativität. Lassen wir uns führen und erfreuen uns am lichtvollen Sein. Und wer weiß, haben wir letztens noch ungemütlich aus dem Fenster geschaut, als der Himmel weinte, sitzen wir demnächst auf einem kuscheligen Sofa und alle Kerzen und Lampen spenden ein schönes Licht. Das Lichterfest für das Gefühl. Damit es freudig strahlen kann.

Die Entspannung

Entspannen

Entspannung gehört zu unserem Leben, wie das Atmen. Ich glaube sogar es ist überlebenswichtig. Zu viel Stress über lange Zeit, könnte uns krank werden lassen.

Doch, und das hätte ich früher nie für möglich gehalten, manche Menschen, und dazu zähle ich mich durchaus auch, müssen Entspannen erst lernen. Glauben sie das?

Bei mir war es ein Kampf, denn um so mehr ich mit Entspannungsmusik entspannen wollte, um so mehr wollte ich tun, machen, aber nicht ruhen und schon gar nicht entspannen. Das war eine meiner Lernaufgaben.

Wie gerade also von mir erwähnt, Entspannungsmusik wäre eine Option, aber natürlich nicht die Einzige. Denn immer kommt es auf uns an, wie wir fühlen, wie wir entspannen möchten. Sport, wäre eine zweite Möglichkeit, aber auch ein einfacher Spaziergang kann zum Entspannen beitragen und durchaus hilfreich sein. Denn der Aufenthalt an der frischen Luft tut uns gut.

Auch Tiere können beim Entspannen behilflich sein. Haben sie schon einmal den Eindruck gewonnen, dass ihr Tier ihnen durch seine liebenswerte Art hilft, wieder in Balance zu kommen? Wir streicheln und liebkosen sie und auf einmal fühlen wir uns viel besser. Wie kann das sein? So glaube ich, dass einige Tierseelen in unserem Leben unsere Seelen unterstützen und so uns so behilflich sind. Sozusagen ein Seelenabkommen, das in diesem unseren Leben erfüllt wird.

Persönlich kann ich von mir sagen, dass ich immer wieder eine Katze in meinem Leben hatte, deren Seele eine Aufgabe mit der meinen hatte. Und hatte ich eine Lernaufgabe beendet, war leider auch mein geliebtes Tier nicht mehr allzu lange bei mir. Doch natürlich betrifft oder betraf das nicht alle Katzen. Und festgestellt hatte ich es immer erst im Nachhinein, wenn ich etwas abschließen konnte, etwas gelernt hatte auf meinem Weg. Aber es gibt durchaus Verbindungen zu Tierseelen, welche uns in unserem Leben behilflich sind und diese schöne Erfahrung durfte ich auch schon machen, weit nach ihrem Ableben waren die Seelen für meine Gefühle immer noch hilfreich unterstützend. Das empfinde ich als schön und ich bin dafür sehr dankbar.

Entspannen können wir auf vielfältige Weise. So auch nicht nur durch das Hören von Entspannungsmusik, sondern auch durch Meditation. Hier ist ein Vordringen in die tiefere Ebene möglich und lässt nicht nur entspannen, sondern kann durchaus auch zu Antworten auf die eigenen Fragen führen. Eine wichtige

Etappe auf dem Weg zum Entspannen ist auch die Vergebung. Doch sind wir mit uns nachsichtig. Vergeben wollen, ohne es wirklich zu fühlen, bringt uns nicht weiter. Ein heikles Thema. Wie oft darf man vergeben, um sich nicht selbst zu verlieren? Das ist ein ungeheurer Lernprozess, doch ich glaube, dadurch wird ein jeder von uns geführt, wenn er auf sein Gefühl achtet.

Doch was kann unsere Entspannung noch unterstützen und fördern? Schöne Unternehmungen, die unsere Seele wieder strahlen lassen können.

Ein nettes Essen mit Freunden, ein Ausflug in die Natur, eine kleine Auszeit vom Arbeitsleben, eine schöne Atmosphäre in den eigenen vier Wänden schaffen, und, und, und. Wichtig ist doch nur, das wir uns nach einer gestressten Zeit wieder wohler fühlen und das bitteschön auch schnell. Am Besten wäre es natürlich, wir würden gar nicht erst in solch eine Situation kommen, die uns stresst oder Kummer fühlen lässt. Da kann es hilfreich sein, wenn wir auf unser Gefühl achten. Und den Beruf ausüben, der uns Erfüllung schenkt. Sollte das für uns nicht möglich sein oder noch nicht, dann können wir genau das was uns Erfüllung schenken könnte, nebenher in unserer Freizeit tun. Da spreche ich hier aus meiner Erfahrung.

War ich früher als Einkäuferin in einem mittelständigen Unternehmen tätig, so habe ich seit neun Jahren meine Berufung gefunden und mein Alltag sieht heute ganz anders aus. Meine Seele lächelt und glauben sie mir, so eine Veränderung wächst von innen. Gefühle der Unzufriedenheit musste ich nicht mehr durch Shopping kompensieren.

Entspannung ist also auch, wenn man sein Leben so lebt, wie man es fühlt, wie es aus der Seele spricht.

Leben wir unser Seelengefühl, haben wir mehr vom Leben! Denn wir kämpfen nicht mehr und verbrauchen dadurch auch keine enorme Energie, womöglich sogar etwas unserer Lebenskraft.

Der Mensch und sein Gefühl passen zusammen und gehen nicht mehr in verschiedene Richtungen, sondern in eine gemeinsam. Und dieses Gefühl schenkt Balance.

Die Edelsteine

Edelsteine

Schauen sie einmal in einen Edelstein-
laden hinein und lassen sie sich führen,
sie werden fühlen, zu welchem Stein es
sie zieht. Und zieht es sie zu keinen dieser Steine, dann braucht ihre Seele zur-
zeit keine energetische Unterstützung
durch die Kraft der Steine oder ihr Stein
ist nicht dabei.

Ich selbst fand es immer viel spannender,
allein auf Entdeckungstour zu gehen,
was Edelsteine betrifft. Denn es muss
aus der Seele kommen.

Wenn wir die Verbindung zu unserer
Seele haben, also zu unserem Gefühl,
dann werden wir immer zu dem Stein
geführt werden, dessen Energie wir gerade benötigen. Und benötigen wird unsere
Seele diese energetische Unterstützung
so lange, bis wir uns von falschen oder
unguten Energien fernhalten oder ganz

verabschieden oder sie sich von uns. Allein unsere Seelen lassen uns fühlen, wo sie Unterstützung benötigen und führen uns gewiss zum richtigen Edelstein. Vor vielen Jahren haben Steine, auch in Schmuck gefasst, immer wieder zu mir gefunden. So möchte ich sogar behaupten, sie haben mir mein Leben ermöglicht.

Heute habe ich ganz viele Edelsteine in verschiedenen Formen, doch sie dienen nur noch als Dekoration.

Sie geben ihre wohltuenden Energien an ihre Umgebung ab. Doch fühle ich auch, wenn ich sie alle mal wieder abladen muss, immer dann, wenn sie zu viele Fremdenergien aufgenommen hatten. Nach der Reinigung fühle ich wieder diese Klarheit im Raum.

Und das energetische Abladen, keine Angst, auch das ist Gefühlssache. Sie können die Steine zum Beispiel unter fließendem Wasser abladen und im Sonnenlicht wieder aufladen. Sie könnten aber auch im Mondlicht aufgeladen werden. Es ist auch möglich sie auf der Erde abzuladen, um sie dann im Sonnen- oder Mondlicht wieder aufzuladen. Oder in einer Amethystdruse abladen und auf einem Bergkristall aufladen. Es gibt ganz sicher noch andere verschiedene Möglichkeiten, achten Sie auf ihr Gefühl, nur das ist wichtig.

Vor einigen Jahren hatte ich eine Klientin, die ich ein längeres Stück ihres Weges begleiten durfte. „Ich bräuchte mal jemanden der mich an die Hand nimmt." das waren damals ihre Worte bei unserem ersten Gespräch. Die Energien, die sie abgab, sorgten dafür dass mein wirklich sehr großer Serpentin brach. Klack und es war um ihn geschehen. Hier durfte ich eindrucksvoll erfahren, dass auch Steine durch zu viel ungute Energien an ihre Grenzen gelangen können.

Deswegen ist es auch immer wichtig, Steine, mit denen wir arbeiten, energetisch säubern.

Es kam auch schon vor, dass mich jemand um Hilfe bat, für sich den richtigen Stein zu finden. So zum Beispiel einmal eine Klientin einer anderen Reikilehrerin. Von ihr hatte ich ihren Namen und ihren Wohnort. So fühlte ich mich durch die Steine. Ich fand einen roten Jaspis der etwas angeschlagen war, aber der sollte es sein. Auch mein Mann kannte diese Klientin und ihm gab ich den Jaspis für die Frau mit.

Nach mehreren Tagen hat mein Mann mir ausrichten lassen, das sie ganz erfreut war, denn sie hatte Edelsteinwasser getrunken und das Bröcklige im Stein wäre wohl gut für den Magen, so sagte sie ihm, deswegen mochte sie einen haben.
Mich schüttelte das ein wenig, aber wenn

ihr Gefühl ihr geraten hatte, es so zu tun, so war es für sie richtig.

Vor längerer Zeit, hatte ich Besuch von einer Bekannten. Ihre Seele ist dem Spirituellem zugetan, doch sie gibt sich nicht viel damit ab. „Die vielen Steine bei dir, was machst du damit?" war ihre Frage. Ich erklärte ihr, dass ich alle nach und nach zu mir holte, weil ich mich durch sie einmal besser fühlte und ich mit ihnen arbeite. „Ich glaube nicht daran, und sie helfen doch nur, wenn man daran glaubt." sagte sie. „Tja" meinte ich „Steine haben in jedem Fall Energie und wenn man offen für seine Seele ist, wird man den richtigen greifen." ergänzte ich. Nun wollte sie wissen, ob das funktionierte. Sie nahm ihr Gefühl wahr und hat ihre Hand über die Steine kreisen lassen. „Den hier." sagte sie und zeigte auf den Malachit. In der Zwischenzeit hatte ich schon mein Edelsteinbuch zurechtgelegt und gab ihr die Seite zu lesen, die über den Malachit berichtete. „Das gibt es doch nicht, das stimmt." sagte sie lächelnd, aber erstaunt. So hatte sie also etwas gelesen, was für sie zutreffend war, doch es änderte ihre Sichtweise nicht. Mein Gefühl erzählt mir dann, dass sie eine Verbindung zu ihrem Seelengefühl hat, aber keinen Wert darauf legt. Schade!

Als vor einigen Jahren meine Mutti schwer erkrankte, und ihr es nicht möglich war, die Liebe eines bestimmten Menschen zu empfangen, gab ich ihr einen Rosenquarzengel. Dieser sollte ihrer Seele behilflich sein besser damit klar zu kommen. Körperlich unterzog sie sich der verordneten ärztlichen Therapie.

Tag und Nacht hielt sie ihn in ihren Händen. Sie erzählte mir, wie gut ihr dieser Stein täte. Das er ganz heiß werden würde und sie sich wohl mit ihm fühlt. Und das sie ihm viel anvertraue.

Diesen Stein hatte ich immer wieder energetisch entladen und mit Reikienergie aufgeladen und ich hatte ihn programmiert, nur auf sie. An einem Tag jedoch kam endlich der Mensch nach langen warten auf sie zu, den sie sich wünschte und sie erzählte mir, der Engel war ihr aus den Händen gefallen, in diesem Moment als sie diesen Menschen nah bei sich sah.

An einem Tag erzählte meine Mutti mir eine Geschichte aus ihren Kindertagen, die sie bis dahin, nicht verarbeitet hatte. Sie sprach es sich von der Seele, um bald darauf einschlafen zu können. Viele ihrer Gefühle und Gedanken aus dieser Zeit hütet noch der Rosenquarzengel, den ich nach gründlicher, energetischer Reinigung wieder zusammengeklebt habe und der wieder bei mir ist.

Aber auch die Seelen unserer Tiere, sind für die Energien der Steine offen. Manchmal gebe ich einen Edelstein in das Körbchen einer meiner Katzen. Auch sie mögen diese positive Energie gern. So legten sie schon das Pfötchen oder das Köpfchen darauf und schlummerten erst dann ein.

Und ihre kritischen Geräusche, die sich wie ein Schnarchen anhörten, waren verstummt.

So könnten diese wunderbaren Edelsteine energetische Wegbegleiter für alle unsere Seelen sein.

Einmal erhielt ich eine Anfrage, ob ich auch Edelsteinseminare gebe. „Nein, das Seminar gebe ich nicht." antwortete ich der netten Anruferin.

So glaube ich, das es nicht wichtig ist, zu wissen, welcher Stein für etwas hergenommen werden kann, sondern es ist wichtig, seiner Intuition zu folgen, denn die Seele führt und somit kommen wir zu dem Stein, den wir energetisch zu einer bestimmten Zeit brauchen oder der Stein kommt zu uns. Sind sie auch ein Edelstein Fan?

Edelsteine können durch ihre Energie, die Seele wieder in Balance bringen. Ihre energetische Energie ist durchaus in der Lage, und ich spreche aus eigener Erfahrung, die Seele zu unterstützen.

Lassen sie sich einfach führen. Auch wenn sie im Internet Fotos schauen und für ihre Seele offen sind, werden sie vielleicht feststellen können, das ihr Blick an einem Foto hängen bleibt. Oder wenn sie, wie schon oben beschrieben, einen Steinladen aufsuchen, mit all seinen Schätzen, auch hier lassen sie sich einfach einmal führen und schauen sie erst dann nach seiner Bedeutung, wenn sie sich für einen Stein begeistern konnten. Sie werden erstaunt sein!

Edelsteine gibt es in ganz unterschiedlichen Formen. Der Trommelstein ist einer von ihnen. Der Chakrastein, eine andere Form, sehr flach, wird oft für die Chakrastärkung in seinen Farben passend zur Schwingung der Chakren benutzt. Schön ist auch eine Symbiose ein Chakrastein, gepaart mit Reikienergie. Dieser Stein kann mit Reiki aufgeladen sein und wir legen ihn auf die Energiezentren, also die Chakren oder es gibt die Möglichkeit, den Stein auf das betreffende Energiefeld zu legen und sich selbst Reikienergie zu zuführen. Ich selbst reinige meine Chakren vorher, bevor ich den Chakrastein auflege, bei mir dient er der Stabilisierung des jeweiligen Chakras. Ein Bergkristall ist für alle Chakren gut geeignet, ihm wird nachgesagt, dass er energetische Blockaden auflösen kann. Doch der Energie der Steine können wir uns nicht nur aus Trommel- und Charkrasteinen bedienen. Handschmeichler sind auch eine angenehme

Möglichkeit, energetische, positive Energien mit sich zu führen. Und natürlich darf man auch nicht vergessen, alle benutzen Steine auch wieder zu entladen, so dass ihre positive Energie uns immer wieder zum Wohle dienen kann.

Ich selbst kann aus meinen Erfahrungen sagen, die Edelsteine haben mir in der ersten Hälfte meines Lebens, mein Überleben gesichert. Erst nach dem Ableben einer Person, welche ich durchaus auch liebte, brauchte ich diese Art von Hilfe nicht mehr. Das hängt in vielen Fällen oft mit dem inneren Kind zusammen. Eine Seele liebt uns, aber der Mensch lebt seinen Willen, auch aus unterschiedlichen Gründen, meist aber führten Verletzungen dazu. Diese Energie tut dann nicht gut. Und Menschen die Energien fühlen können, brauchen Abstand oder wenn das nicht möglich ist, aus welchen Gründen auch immer, Hilfe durch energetische, positive Energien. Doch auch mit Brunnen und Teelichtern habe ich selbst gute energetische Erfahrungen machen dürfen. Ich fühle Energien und so fühle ich auch die Energie der Steine, wenn sie in den Raum schwingen. Und umso größer ein Edelstein, umso mehr Schwingungen ist vorhanden und für mich durchaus fühlbar.

Also bei spirituellen Menschen sind Edelsteine sicher Gang und Gebe, doch auch bei allen anderen Menschen, in ihrem Zuhause, können sie gut ein Hingucker sein, auch als Dekoration.

So können also durchaus auch Edelsteine, für das Wohlbefinden unsere Seele unterstützend wirken.

Die Engel

Engel

Engel, hochschwingende Energien.

Früher schon und auch als ich die Verbindung zu diesen wundervollen Energien intensivierte, folgte ich meinem Gefühl und kaufte mir diese wundervollen Geschöpfe oder bekam sie in vielen Formen geschenkt, wie Edelsteinen, Kettenanhängern oder auch Statuen. Und so haben viele Engel zu mir gefunden und zieren noch heute mein Zuhause. Auch wenn ich weiß, das ich sie in dieser Form nicht benötige, um ihre Energie zu empfangen.

Gern verschenkte ich auch schon einmal einen kleinen Engel und sah dann in ein freudiges Gesicht.

So glaube ich, Engel erscheinen uns Menschen so, wie ein jeder von uns etwas mit ihrem Erscheinungsbild anfangen kann. Selbst mag ich sie am Liebsten ähnlich der Personengestalt sehen, allerdings mit ihren Flügeln. Aber auch als Farbstrahlenergie sind sie meinem Gefühl schon begegnet.

Auch meine Katzen gesellen sich ab und an gern zu einen meiner Engel. Ein schönes Bild. In fast allen Räumen finden sie sich bei mir.

So haben die Engel in mein Leben Einzug gehalten und ich bin sehr dankbar dafür. Manche schwere Zeit waren sie schon an meiner Seite und haben mir wieder das Licht gezeigt.

Es wurde wieder Frieden in mir.

Diese wunderbaren energetischen Himmelswesen helfen jedem, der sie um Hilfe bittet. Das Seelengefühl entscheidet. Es gibt nichts zu beachten, bittet man sie in sein Leben. Jeden Engel darf man ansprechen oder einfach nur die Engel im Allgemeinen.

104

Was ich allerdings schon erfahren hatte, sie helfen nicht gern dem Willen. Nur dem Gefühl. Und so ist es gut möglich, dass man Hilfe für ein Problem erhält, die man so nicht erwartet hätte. Das setzt Vertrauen voraus in diese Hilfe, dass genau diese zu unserem Besten sein wird. Das allerdings fühlt man erst im Nachhinein. Somit ist Vertrauen ein Muss, in diese himmlische Hilfe. Allerdings hatten sie auch schon einmal meinem Willen Hilfe geboten, doch es ist keine schöne Erinnerung, glauben sie mir.

Selbst nehme ich gern ihre Hilfe in Anspruch. Allerdings musste ich das erst lernen, das auch mit alltäglichen Situationen zu meistern, nach dem die Engel mich tatsächlich aufforderten sie anzurufen. Warum? So glaube ich, weil ich durch die Heilung mit ihnen arbeite und am Anfang das Einfache stehen muss, um sie zu verstehen. So begann ich zu Kommunizieren, beim Einkaufen, bei der Parkplatzsuche, und anderem.

Zu Anfang traute ich mich nicht, weil ich annahm, sie hätten doch viel Wichtigeres zu tun, als mich beim Einkauf zu unterstützen, das ich mein Budget nicht überschreite. Doch sie ließen keinen Zweifel daran, dass ich dies tun darf und sie mir so helfen möchten. So fand ich mehr ins Vertrauen und es gelang. Darüber bin ich sehr dankbar. Ein Dankeschön an diese wunderbare Engelswelt !

108

Das Innere Kind

Kennen sie dieses Gefühl? Sie waren in einem Konzert, sie waren spazieren, sie trafen Freunde, sie waren shoppen, sie hatten etwas unternommen, um diesen Kummer den sie fühlten zu betäuben? Und was es auch war und was sie nicht alles unternommen hatten, nichts half wirklich, um das Gefühl des Traurig-seins und das Gefühl des Kummers zu wandeln. Oft hat es mit dem inneren Kind zu tun!

Menschen leben ihr Leben und fühlen sich nicht gut und eigentlich haben sie einen Job, der ihnen wohl gefällt und die Familie ist ein Ort der Geborgenheit und dennoch fehlt ihnen etwas zum Glück.

Dann mögen all diese Gegebenheiten stimmen, doch eines stimmt eben nicht:

das Innere Kind fühlt sich nicht beachtet!

Oft hört man dann Ausflüchte wie „Ich bin doch kein Kind mehr, das müsste mir doch nichts ausmachen! Was ich soll malen, da komme ich mir ja vor wie im Kindergarten!" Und wie man so schön sagt: „Hier liegt der Hund begraben."

Das Innere Kind lebt in jedem Menschen, so lange dieser Mensch lebt. Und ist ihr inneres Kind verspielt und sie mögen aber nicht spielen, wird es ihnen Kummer bereiten. Mag ihr Kind malen, doch sie mögen nicht malen, wird es ihnen Kummer bereiten. Mag ihr Kind Aufmerksamkeit von ihnen, doch sie beschäftigen sich mit anderen Dingen oder Menschen, wird ihr inneres Kind ihnen ebenfalls Kummer bereiten.

Um etwas wirklich zu verändern, wandeln zu können, müssen sie sich mit ihrem inneren Kind in Verbindung setzen. Wenn man noch nicht darin geübt ist,

110

ist es wichtig dazu Ruhe zu haben. Es darf keine Störung von Außen bei diesem Gespräch geben. Und Genieren sie sich nicht!

Oft liegt hier ein Problem und da spreche ich aus eigener Erfahrung.

„Benimm dich wie eine Erwachsene! Stell dich nicht so an, wie ein Kind!" Sind das nicht die Sätze, die oft durch die Eltern an uns gerichtet wurden, wenn wir uns mit einem Problem an sie gewandt haben? Damit möchte ich keine Schuldzuweisung formuliert wissen, nur die Tatsache, dass die älteren Generationen anderes zu bewältigen hatten. Ihr überlegen nach dem Krieg und der Hungersnot. Sie hatten keine Zeit, um mit ihrem inneren Kind zu sprechen. Ihr inneres Kind musste schnell erwachsen werden. Leider! Und später als Erwachsene hatten sie ihre Kindheit zu verarbeiten. Da sprach niemand vom Inneren Kind.

Doch heute dürfen wir wieder spielen, malen, singen!

Als ich mein inneres Kind in den Arm genommen hatte, weinte ich bitterliche Tränen. Es war ein fürchterliches Gefühl und dennoch befreiend. Liebe mochte es, einfach nur Liebe und das musste auch von mir erst gelernt werden.

Mein inneres Kind findet Liebe in Ehrlichkeit. Das war schon immer so! Doch das reichte nicht! Es wollte wieder zum Leben erweckt werden!

Schon als Kind spürte ich Energien und dieses Gefühl blieb. Und mit Anfang vierzig ging ich meinem Seelengefühl nach, das Spiritualität leben möchte. Als ich diesen Schritt wagte, und mich von meinem „weltlichen" Beruf verabschiedete, fühlte es sich an, wie ein leerer Schrank mit Einlegeböden, der im Inneren zusammenfiel, doch ich fühlte mich befreit. Dieses Gefühl werde ich nie vergessen!

112

Das war der eine Schritt. Andere kamen später, so wie mein Inneres Kind es mich fühlen lassen hatte.

So malte ich eines Tages. Das waren keine Picassos, aber darauf kommt es überhaupt nicht an! Es kommt darauf an, was das Kind in uns möchte. Später malte ich viel besser. Ohne zu üben, es war einfach da, nach Jahren. Die Gefühle, sie waren vom Kummer erlöst und so sahen die Bilder freundlicher und wirklich schöner aus und sehe ich sie mir an, freue ich mich darüber, genau wie mein Inneres Kind.

Etwas später fühlte ich, mein inneres Kind wollte gern noch mehr ausprobieren. So sammelte ich Steine. Diese fand ich am Meer, an Flüssen oder Seen. Nach der Säuberung der Steine bemalte ich sie und danach wurden sie lackiert. Es entstand für mich etwas Schönes!

Hören sie auf ihr inneres Kind! Gehen sie dem nach und genießen sie die Zeit, die sie mit dem Verbringen dürfen, was es ihnen ins Gefühl sendet. Sie dürfen sicher fühlen, wie gut das tut.

Sie werden sich nicht neu erfinden, denn es ist alles seit Kindertagen in ihnen. Aber womöglich war es versteckt durch den Alltagstrott, der viel Zeit einnahm. Und sind sie mit der Zeit geübt, ihr inneres Kind immer wieder wahrzunehmen, brauchen sie nicht mehr viel Zeit, um mit ihm zu sprechen, sie fühlen einfach, jetzt tu ich etwas für mich und dich.

Sicherlich wird es auch einmal wieder eine Situation geben, wo sie nicht sofort alles umsetzen können und ihr inneres Kind wird traurig darüber sein. Genieren sie sich nicht mit ihm zu sprechen!

Erklären sie ihm, warum es gerade nicht gehen kann. Doch hören sie auch seine Bedenken an und entscheiden sie dann!

114

Schenken sie ihrem inneren Kind genug Aufmerksamkeit, werden sie ihre Leben zufriedener empfinden und lebenswerter. Denn fühlen sie sich als Erwachsener wohler und befriedigter, können auch alle Familienmitglieder davon profitieren.

Aus eigener Erfahrung darf ich sagen, es war anfänglich schwer für mich, denn wenn man etwas nicht gelernt hat, sofort richtig zu machen ist nicht einfach. Doch auch hier ist der Weg das Ziel. Es wird besser und besser mit der Zeit.

Und wer weiß, womöglich finden sie dadurch ihre Berufung. Ein Wunsch aus Kindertagen wird wahr. Das wäre doch eine der schönsten Erfahrungen im Leben!

Nachwort

Nachwort

Liebe Leser, es gibt viele Möglichkeiten die Seele wieder in Balance zu bringen. Die in diesem Buch aufgeführten sind sicherlich nur einige und haben mit meinen eigenen Erfahrungen zu tun.

Wichtig ist, wie ich glaube, dass wir bei Verstimmungen, etwas für uns, das Seelengefühl tun, im positiven Sinn. Damit wir uns wieder gut fühlen dürfen.

In der heutigen Zeit, welche so schnelllebig geworden ist, zieht es womöglich viele von uns hin zum Konsum. Natürlich können ein neues Kleidungsstück, eine neue Dekoration in unseren Räumen und anderes im Außen, uns vorübergehend helfen, besser zu fühlen. Damit möchte ich nicht sagen, dass man nichts Schönes mehr kaufen darf. Doch wir sollten nicht kaufen, um unsere unguten Gefühle damit zu kompensieren, denn so wird man sicherlich nicht lange Freude am neu erworbenen haben.

Und so gehört schon lange nicht mehr der leere Konsum zu meinem Leben, sondern das, was für mich energetisch unterstützend wirkt.

So glaube ich auch, mancher Mensch kauft viel zu viel, nur um andere zu beeindrucken. Doch mitunter bleibt dann die eigene Seele auf der Strecke. Selbst waren mir solche Menschen schon begegnet. Bitter wurde es dann für sie, als sie feststellen mussten, das mich das unbeeindruckt lies, aus dem einfachen Grund, weil es für mich nicht von Nutzen gewesen wäre, auch so etwas zu haben. Doch sie hatten ja anders gefühlt. Für sie war es wohl wichtig. Umso mehr konnte ich dann nicht verstehen, dass sie an ihrem Gefühl plötzlich zweifelten. Diesen Kampf konnte ich nicht nachvollziehen. Kaufe ich mir etwas, dann, weil ich es fühle, unabhängig ob es einem anderen gefällt oder nicht! Und frage ich den anderen, ob es ihm auch gefällt, muss ich damit rechnen dass ein „Nein" kommen könnte. Geschmäcker sind nun mal verschieden. Jedoch darf das doch mein Gefühl nicht beeinflussen. Und wenn doch? Dann stimmte mein Gefühl nicht! Denn, wenn mich dieses Wörtchen eines anderen schlechter fühlen ließe, als zuvor, würde es ja heißen, es war mein Wille, das zu kaufen, aber nicht mein Gefühl. Wenn auch nur unbewusst.

Wichtig ist meiner Meinung nach, dass man sich selber liebt im gesunden Maß und sich nicht mit anderen vergleicht im ungesunden Maß.

Sicherlich treffen wir immer wieder einmal auf Menschen, deren Energie etwas mit uns zu machen scheint. Manchmal lösen sie Unbehagen aus und manchmal möchten wir so sein wie sie. Ein guter Trick aus einem alten Muster auszusteigen wäre, so glaube ich, das Tun anderer als Schablone auf das eigene Leben zu legen. Und dann schauen sie, was gefällt ihnen und was gefällt ihnen nicht. So können sie ganz einfach ein altes ungutes Muster hinter sich lassen.

Hier ein Beispiel.

Sie begegnen einem Menschen, der fährt einen sehr teuren Wagen. Sie dagegen fahren ein normales Auto. Sie wissen was ich meine. Eigentlich ist der Mensch ihnen sogar sympathisch und doch ärgert sie, dass er einen Wagen fährt. Das würden sie natürlich nie zugeben, doch insgeheim hegen sie auch den Wunsch einen solchen Wagen zu fahren.

Nun nehmen sie diese Schablone und legen sie diese auf ihr Leben. Sie werden schnell merken, das ihr Auto sie auch überall hinfährt und auch wieder nach Hause. Das sie weniger Steuern zahlen, weniger bei der jährlichen Durchsicht und so weiter. Und plötzlich fühlen sie anders. Denn der teure Wagen fährt auch nur genau wie ihr Auto, nur er kostet mehr in der Unterhaltung. Und sie fahren allein oder zu zweit im Auto. Der andere hat womöglich eine Familie und braucht einen großen Wagen. Es kann aber auch sein, der andere hat ein besseres Einkommen als sie.

Dann wieder die Schablone benutzen.

Er hat womöglich mehr Verantwortung in der Firma und das mögen sie nicht tragen. Und wenn doch, was hindert sie daran, mit ihrem Chef eine Gehaltserhöhung zu besprechen? Oder einen zweiten Job anzunehmen, um das Geld für einen Wagen zusammen zu sparen?

Als ich noch jung an Jahren war, da kaufte ich mir mein erstes kleines Auto. Einen Ford. Was fühlte ich mich glücklich! Als ich schon ein paar Tage damit unterwegs war, kam ein Nachbar, der kein Auto fuhr und sagte mir doch, „Also er könnte sich einen Mercedes leisten." Meine Gefühl damals, „Warum fährt er keinen? Warum muss ich das seiner Meinung nach wissen?"

Eine andere Person aus der Nachbarschaft kam auch zu mir, beglückwünschte mich zu meinem Auto, aber nicht ohne mir mitteilen zu wollen, ihre Tochter hätte auch ein neues Auto, sie würde Volvo fahren, aber jeder fährt das Auto, das zu ihm passen würde. Nun ja, ich bedankte mich für die Glückwünsche und freute mich dennoch über mein kleines Auto, wie ein kleines Kind über ein neues Spielzeug. Denn ich fühlte mich glücklich, ich fuhr ein Auto das mir gefiel. Ganz egal ob andere es auch so sahen oder ob sie große Wagen fuhren, oder sich ein teueres Auto leisten konnten.

Damit möchte ich nur in die Welt schicken, fühlen sie sich in ihrer Entscheidung richtig, weil sie aus der Seele kommt, können andere mosern oder meckern, wie auch immer, sie haben ihr Ding gemacht und fühlen sich gut da-

122

mit. Denn solche Menschen möchten das glückliche Gefühl des anderen betäuben. Lassen sie das niemals zu!

Der Nachbar der sich einen Mercedes leisten könnte, vielleicht hatte er gar keine Fahrerlaubnis und die Tochter der Nachbarin hatte vielleicht ein gebrauchtes Auto. Ich weiß es nicht! Die Frage nach dem Warum Menschen uns so begegnen, hat Antworten. Neid! Mehr Schein als sein!

So bin ich aus tiefstem Herzen dankbar, dass diese unguten Gefühle in meinem Leben nie einen Platz fanden und auch nicht finden werden. Denn ich fühle sehr oft die positive Kraft, wenn ich mich mit anderen freuen kann, wenn sie sich etwas Schönes gekauft haben. Für mich ist das auch ganz einfach. Jeder Mensch freut sich doch, über das was er sich neu erworben hat, weil er es sich wünschte.

Auch glaube ich, dass die aus ganz falschen Gründen erworbene Gegenstände oder anderes, gar keine Wirkung auf die

Seele, zu mindestens nicht im positiven Sinn, haben.

Das Wohlbefinden der Seele, sollte uns, jedem einzelnen, am Herzen liegen. Und natürlich kommt der eine oder andere vielleicht auch einmal im seinem Leben in eine Situation, wo er den Wünschen seiner Seele nicht gerecht werden könnte. Doch dann sollte wir die vielfältigen Angebote nutzen, die uns zur Verfügung stehen, um uns wieder besser fühlen zu dürfen.

Manchmal ist es eben auch ein Weg. Neid, Missgunst, Unbehagen helfen uns nicht weiter im Leben. Im Gegenteil! Diese Gefühle vergiften es!

Meine Devise war immer, Gefühl wahrnehmen und nachdenken. Und eine für mich ungute Situation erst einmal annehmen, um dann etwas ändern zu können. Meine Sichtweise oder die ganze Situation. Natürlich hat das auch mit Arbeit zu tun und ist nicht immer leicht, aber durchaus machbar und vor allem es lohnt sich.

Und was ich auch lernen durfte, war eine Tür zu und ich bediente die Türklinke, doch sie ging nicht auf, war es besser nicht den Willen zu bemühen. Dieser kann dafür sorgen, dass die Tür aufgeht, doch es hat oft keinen Bestand. Es ist also besser, die Tür, welche uns verschlossen bleibt, auch zu zulassen. Es ist nicht an der Zeit zu schauen, wohin diese Tür uns führen würde oder was uns dahinter erwarten könnte.

Denn ich glaube, man wird so vor viel Kummer bewahrt und das Ungute was man empfindet, weil etwas nicht so stattfindet, wie man es sich wünscht, ist dann nur das kleinere Übel.

Am Schönsten jedoch wäre es natürlich, wir würden nie in Situationen kommen, die wieder ein Ausbalancieren der Gefühle benötigen. Dann wären wir rundum glücklich. Immer. Wie schön wäre das!

Und mit diesen Satz möchte ich mich von ihnen verabschieden und ihnen alles Gute wünschen.

Herzlichst
Marion Jana Goeritz

Von Marion Jana Goeritz ebenfalls beim Verlag BoD erschienen (BoD Books on Demand, Norderstedt, nähere Informationen finden Sie unter www.BoD.de)

„Liebe für die Seele Band 1"
ISBN 978-3-7357-4045-8

„Liebe für die Seele Band 2"
ISBN 978-3-7357-7734-8

„Seelenweiß"
ISBN 978-3-7347-5769-3

„Seelen essen Liebe gern"
ISBN 978-3-7347-8706-5

„SeelenEngel" ein spiritueller Erfahrungsbericht
ISBN 978-3-7386-2588-2

„SeelenSchlüssel"
ISBH 978-3-7386-3844-8

„Seelenfarben"
ISBN 978-3-7386-3947-6

„Seelenschimmer"
ISBN 978-3-7386-4014-4

„Seelenfinden"
ISBN 978-3-7386-4037-3

„Ein Gefühl meiner Seele"
ISBN 978-3-7386-1506-7

„Seelenfrieden" Danken, Bitten, Entspannung
ein persönlicher Erfahrungsbericht
ISBN: 978-3-7386-4884-3

„Seelenweihnacht"
ISBN: 978-3-7386-5616-9

„Im Land unter dem Regenbogen" Wunderbare Märchen und unglaubliche Geschichten
ISBN: 978-3-7392-0115-3

„Freddy und seine Geschichten"
ISBN: 978-3-7386-3321-4

„SeelenWorte"
ISBN: 978-3-7392-0455-0

„Herzanker"
ISBN: 978-3-7392-3482-3

„Im Fluss der Liebe"
ISBN: 978-3-7392-3489-2

„Seelenklänge"
ISBN: 978-3-7392-3532-5

„Liebeslied"
ISBN: 978-3-7392-3548-6

„Wahre Traumtänzerin"
ISBN: 978-3-7392-3556-1

„Emilia Sommerfeld"
ISBN: 978-3-7392-3787-9

„Für mich war es Liebe"
ISBN: 978-3-8423-5362-6

„Kaleidoskop"
ISBN: 978-3-8423-5738-9

„Die verzauberte Wiese"
ISBN: 978-3-7412-0772-3

„Seelenbrücke"
ISBN: 978-3-7412-0890-4

„Wetterleuchten"
ISBN: 978-3-7412-2740-0

„Zentrifuge“
ISBN: 978-3-7412-4011-9

„Für Dich“
ISBN: 978-3-7412-4018-8

„Hannos Geschichten“
ISBN: 978-3-7412-9373-3

„Das Eulenherz“
ISBN: 978-3-7431-0009-1

„Eine Reise irgendwo hin“
ISBH: 978-3-7421-0042-8

„Ist das wirklich wahr?“
ISBN: 978-3-7431-1549-1

„Stille Momente“
ISBN: 978-3-7431-1586-6

„Engelszwirn"
ISBN: 978-3-7431-1594-1

„Anders"
ISBN: 978-3-7448-3582-4

„Wenn es spricht"
ISBN: 978-3-7448-3583-1

„Jonas und die Himmelsleiter"
ISBN: 978-3-7448-5452-8

„Farbenregen"
ISBN: 978-3-7448-5453-5

„Wellenfarbe"
ISBN: 978-3-7448-7311-6

Blanchefleur
ISBN: 978-3-7448-7415-1

„Winterzauber"
ISBN: 978-3-7448-9885-0

„Seele was denkst du dir?"
ISBN: 978-3-7448-9937-6

„Der Südwind
der aus dem Norden kam"
ISBN: 978-3-7448-8206-4

Weitere Informationen zu Neuerscheinungen finden Sie immer auf meiner Seite

www.buchkaleidoskop.Reikipraxis-Goeritz.de